Se Eu Tivesse um Monstro

Abraços, Risadas e Panquecas Deliciosas

David E. McAdams

Copyright 2025 David E. McAdams. Todos os direitos reservados. Nenhuma parte desta obra pode ser copiada, armazenada ou transmitida por qualquer meio sem o consentimento expresso e por escrito do detentor dos direitos autorais.

Guia para Pais

Neste livro, os monstros representam os membros da família que fazem coisas com seu filho ou filha. Você pode ajudar a criança a ligar esses monstros às pessoas que ela conhece. Algumas perguntas podem ser:

- Quem faz carinho em você? Em que essa pessoa se parece com o monstro macio e fofinho que faz carinho em você?
- Você fica com o rosto melado quando toma sorvete? Quem mais fica com o rosto melado quando toma sorvete?
- Você tem um "monstro" de dezesseis anos para dirigir para você? Como seria ter um monstro de dezesseis anos dirigindo para você?

Se eu tivesse um monstro, ele seria
um monstro fofinho e macio para fazer carinho em mim.

Se eu tivesse um monstro, ele seria
um monstro da moda para brincar de se fantasiar comigo.

Se eu tivesse um monstro, ele seria
um monstro cozinheiro para fazer o café da manhã comigo.

Se eu tivesse um monstro, ele seria
um monstro bem bobo para jogar e brincar comigo.

Se eu tivesse um monstro, ele seria
um monstro bem esperto para contar passas comigo.

Se eu tivesse um monstro, ele seria
um monstro de orelhas enormes para bater panelas comigo.

Se eu tivesse um monstro, ele seria
um monstro de chapéu de chef para fazer biscoitos comigo.

Se eu tivesse um monstro, ele seria
um monstro paciente para fazer "castigos" e time-out comigo.

Se eu tivesse um monstro, ele seria
um monstro de bocão para cantar comigo.

Se eu tivesse um monstro, ele seria
um monstro de cara verde para colorir comigo.

Se eu tivesse um monstro, ele seria
um monstro grande e feio para assustar meu irmão e a mim.

Se eu tivesse um monstro, ele seria
um monstro escorregadio para escorregar comigo.

Se eu tivesse um monstro, ele seria um monstro com asas para voar comigo

Se eu tivesse um monstro, ele seria
um monstro saltitante para pular comigo.

Se eu tivesse um monstro, ele seria
um monstro de dezesseis anos para dirigir por mim.

Se eu tivesse um monstro, ele seria
um monstro bem alto, bem alto, para me ajudar a enxergar.

Se eu tivesse um monstro, ele seria
um monstro caminhão-monstro para se sujar comigo.

Se eu tivesse um monstro, ele seria
um monstro bem, bem forte para pular pedras na água comigo.

Se eu tivesse um monstro, ele seria
um monstro mecânico para consertar carros comigo.

Se eu tivesse um monstro, ele seria
um monstro de braços compridos para subir em árvores comigo.

Se eu tivesse um monstro, ele seria
um monstro com armadura para brincar de fortes comigo.

Se eu tivesse um monstro, ele seria
um monstro de rosto melado para tomar sorvete comigo.

Se eu tivesse um monstro, ele seria
um monstro flutuante para nadar comigo.

Se eu tivesse um monstro, ele seria
um monstro faminto para jantar comigo.

Se eu tivesse um monstro, ele seria
um monstro de dentes grandões para escovar os dentes comigo.

Se eu tivesse um monstro, ele seria
um monstro da água para tomar banho comigo.

Se eu tivesse um monstro, ele seria
um monstro que não ronca para dormir comigo.

www.ingramcontent.com/pod-product-compliance
Lightning Source LLC
Chambersburg PA
CBHW080444090526
44586CB00047B/2494